L'ORATOIRE

A

ANGERS

Par M. Louis RONDEAU

ANGERS

IMPRIMERIE LACHÈSE ET DOLBEAU

4, Chaussée Saint-Pierre, 4

—

1885

L'ORATOIRE A ANGERS

L'ORATOIRE

A

ANGERS

Par M. Louis RONDEAU

ANGERS

IMPRIMERIE LACHÈSE ET DOLBEAU

4, Chaussée Saint-Pierre, 4

1885

L'ORATOIRE A ANGERS [1]

Tant vénérés que soient nos sanctuaires paroissiaux au commencement du XVIIe siècle, ils étaient trop étroits pour absorber la sève religieuse qui se produisait alors. Elle débordait auprès d'eux dans des fondations offrant les plus séduisantes promesses.

Sous le court épiscopat de Fouquet de la Varennes, trois couvents viennent s'implanter sur notre sol paroissial de Saint-Michel du Tertre : Les Minimes, les Ursulines et les Oratoriens. Les Minimes ont disparu balayés par le flot révolutionnaire. Les Ursulines et l'Oratoire plus vivaces et plus en harmonie avec les mœurs de notre temps ont survécu.

Les Ermites de Saint-François, dits Minimes, eurent pour fondateur saint François de Paule, originaire de la ville de Paule en Calabre, qui vivait au XVe siècle.

Ils furent approuvés par le pape Paul II, et autorisés en France par lettres patentes du roi en date du 18 juin 1614. Le 15 octobre de cette même année ils nous arrivaient et s'établissaient provisoirement « dans une maisonnette de closerie donnée par Jacques Liquet [2]. »

---

[1] Extrait de l'*Histoire de la paroisse de Saint-Michel du Tertre*, par le même auteur, chapitre XVIII.

[2] Archives municipales.

Ce premier établissement fut bien vite remplacé par un second qui fut définitif.

« En mars 1615, nous dit Louvet, les bons pères religieux Minimes ont, en vertu du pouvoir à eux donné par le roy, consentement de MM. l'évêque d'Angers, maire et eschevins, faict accomoder un logis qu'ils ont acquis de deffunt M. Gauthier, vivant contrôleur des traictes, accompaigné d'un bon jardin, joignant les jardins du lieu du Busson, abuttant au pré d'Allemagne, d'autre bout au grand chemin du Busson, et d'aultre côté au logis et vigne d'ung nommé Fleuriot ouvrier de la Monnoie, pour eux y loger jusques au nombre de six religieux comme aussi ils ont faict faire une petite chapelle, le tout en attendant leur église et couvent à bastir [1]. »

La première pierre de cette église, bâtie, au dire de Louvet, dans une grande pièce de terre, qui était en vigne, fut solennellement posée et bénie le 24 avril 1617 par l'évêque Fouquet de la Varennes en présence du lieutenant général Lasnier. Église et couvent étaient terminés en 1623, couvrant la partie basse du jardin du mail et s'étendant vers les nouveaux tribunaux.

Après le xvᵉ siècle les contemplatifs et les mendiants ne répondaient qu'imparfaitement aux aspirations des peuples. L'abnégation et la charité avaient seules faveur.

Instruire la jeunesse, former le cœur et l'esprit des enfants, soulager les pauvres dans les asiles de la misère, tel sera le champ d'action des Charles Borromée

[1] Journal de Louvet, *Revue d'Anjou*, 1855, t. II, p. 143.

et des Philippe de Néri, des de Sourdis et des Bérulle, des Vincent de Paul et des Ollier.

A Vincent de Paul le soin des corps, à tous les autres la culture de l'esprit. Les Ursulines et l'Oratoire, corps enseignants tous les deux, l'un aux filles, l'autre aux garçons, eurent la même origine et la même date de création. Ils nous arrivèrent dans le même temps et s'implantèrent côte à côte sur notre paroisse Saint-Michel.

Les Ursulines eurent pour fondateur saint Charles Boromée. La bulle de création par le pape Grégoire XIII est du 14 décembre 1572. Introduites en France par le cardinal de Sourdis, archevêque de Bordeaux, elles y furent autorisées par lettres patentes du roi données à Bordeaux en décembre 1615.

Ces lettres permettent de s'établir à Poitiers, à Angers, à Périgueux, à Laval, à la Flèche. Elles peuvent acquérir et posséder en main morte à charge de bailler de vingt ans en vingt ans un marc d'or.

La supérieure générale sœur François de la Croix, le 9 décembre 1617, requit l'enregistrement de ces titres au greffe civil du présidial d'Angers et obtint l'agrément du lieutenant général, du maire et de l'évêque.

Toutes ces formalités remplies la colonie composée de six religieuses et de leur aumônier s'achemina de Bordeaux vers Angers en avril 1618. Elle voyageait à petites journées comme on le pouvait quand les routes et les services publics faisaient défaut.

« L'aumônier, nous dit Louvet, venait de cheval et les religieuses étaient en un carosse attelé de quatre paires de chevaux. »

Elles arrivèrent le samedi 19 mai 1618 sur le soir et furent recueillies au logis de la Bouvraye proche la rue Saint-Nicolas [1].

« Puis au 1er jour de juin les dittes religieuses, nous dit Louvet, ont été amenées et établies par M. Fouquet de la Varennes, évêque d'Angers, M. le lieutenant général et M. le Maire au logis de Puy-Gaillard, sis en la rue Lyonnaise que les dittes religieuses ont acquis pour la somme de 900 à 1,000 livres. Le jeudi 24 janvier 1619, la mère de la Croix elle-même ouvrit ses classes au nombre de quatre pour les demoiselles, les filles de bourgeois, les filles d'artisans et les pauvres. »

Victime de la jalousie de l'abbesse du Ronceray, au dire de Louvet, elle fut contrainte d'abandonner sa maison située sur le fief de l'abbaye, et d'acquérir d'Heliant de la Barre le logis de la Planchette de la Vincendière, « près et joignant le Collège neuf et une rue neuve près des jardins du couvent des Cordeliers et autres logis qu'elles ont pareillement acheté [2]. »

En juin 1620 elles reçurent en ce nouveau local la visite du cardinal de Sourdis qui leur dit la messe et les prêcha le dimanche 28 juin.

En 1637 la ville leur concéda pour y bâtir leur église, la rue indiquée à la condition qu'au-devant de cette église elles laisseraient libre un espace de vingt pieds de large pour continuer une rue projetée devant rendre au palais [3].

Les Ursulines prospérèrent rapidement. On les trouve

[1] Journal de Louvet, *Revue d'Anjou,* 1855. t. II, p. 276-277.
[2] Journal de Louvet, *Revue de l'Anjou,* 1855, t. I. p. 287.
[3] Archives municipales.

à la fin du siècle en possession du champ Glastiu devant les Minimes ; à Morannes, du moulin, de Pendu ; des terres de la Guyonnière, Cutesson, Colombeau, le Gennetay, la Boierie, la Brocherie [1].

Les pères de l'Oratoire ont occupé une grande place à Angers. Grands éducateurs de la jeunesse leur collège acquit à juste titre dans l'Ouest la plus légitime célébrité.

L'Université leur doit ses dernières illustrations, la paroisse Saint-Michel, plusieurs de ses curés, celle de Notre-Dame, son église paroissiale.

Si l'Oratoire a eu pour premier père saint Philippe de Neri, elle en a un second en France dans le cardinal de Bérulle. C'est lui qui la façonne au génie français au point qu'on disait après lui que c'était la plus française des Congrégations. Saint François de Sales, avec l'autorité de son nom ajoute qu'il n'y a rien de plus saint et de plus utile à l'Église. Saint Vincent de Paul a pour Bérulle la plus sincère vénération. Bossuet, dans son oraison funèbre du père Bourgoing, définit ainsi l'Oratoire :

« L'amour immense du père de Bérulle pour l'Église lui imposa le dessin de former une Compagnie à laquelle il n'a voulu donner d'autre esprit que l'esprit même de l'Église, ni d'autres règles que ses canons, ni d'autres supérieurs que ses évêques, ni d'autres biens que la charité, ni d'autres vœux solennels que ceux du baptême et du sacerdoce, là une sainte liberté fait un certain engagement. On obéit sans dépendre, on gouverne sans

---

[1] *Dictionnaire historique.*

commander ; toute l'autorité est dans la douceur, et le respect s'entretient sans le secours de la crainte. La charité, qui bannit la crainte, opère un si grand miracle et sans autre joug qu'elle-même, elle sait non seulement captiver mais encore anéantir la volonté propre.

Telle était la constitution de l'Oratoire. Avec elle point d'engagement, point de vœux, point de clôture, point de règles monastiques. Former des prêtres dans l'esprit de l'Église, sous la direction des évêques était son unique but. C'était dans ces idées, que le 11 novembre 1611, accompagné de cinq de ses amis : Brice, Gibieuf, Bourgoing, Condren, Métezeau, le père de Bérulle, âgé seulement de 36 ans, mais déjà célèbre par ses œuvres, fondait l'Oratoire.

La science théologique et la piété c'étaient tous les avantages, toute la fortune des fondateurs « appliqués à remplir avec toute la perfection possible les devoirs de la vie sacerdotale[1]. »

En ces temps, comme de nos jours, dans l'éducation cléricale les lettres devaient précéder la théologie. C'était donc par la fondation de collèges qu'il convenait de débuter.

Ce premier acte de leur plan répondit si bien aux besoins de l'époque que maîtres et élèves accoururent se ranger sous la direction du père de Bérulle. C'était à l'envi que sur toute la surface du royaume, au Nord comme au Sud, à l'Est comme à l'Ouest, surgissaient et prospéraient des collèges. Un succès si rapide, si complet dépassait toute espérance. Il obligea Bérulle à

[1] Bulle de fondation.

limiter son action et à laisser à d'autres la fondation
des Séminaires. Ce fut la mission d'Ollier, et Saint-
Sulpice compléta l'Oratoire.

Dans ce nouvel ordre d'idée, l'occupation d'Angers
ne pouvait manquer d'exciter les convoitises des Oratoriens. Mais l'entreprise était difficile, téméraire peut-
être, car à Angers l'Université avait le monopole de
l'enseignement et l'Oratoire allait lui en demander le
partage. Le sacrifice était dur.

L'Oratoire, en effet, ne faisait que naître, séduisant
de promesses sans doute; mais c'était l'avenir avec
toutes ses incertitudes. L'Université, au contraire, c'était
le passé avec toutes ses gloires et ses souvenirs. Pour
qui a réussi dans sa fortune, les vieilles méthodes ont
leur séduction et les nouveautés provoquent des
défiances. Dans ces conditions un intermédiaire puis-
sant devient indispensable. L'Oratoire eut l'heureuse
chance de le rencontrer; ce fut la reine Marie de
Médicis.

La régente, au temps de sa puissance, avait connu
Bérulle et son Carmel et l'Oratoire. Elle avait reçu ses
premières confidences, encouragé ses efforts, assisté à
ses premiers succès. Bérulle est encore son conseil,
l'arbitre de ses débats entre elle et son fils.

Elle a constaté d'ailleurs la faiblesse et la décroissance
des collèges d'Angers. Elle sait qu'en faisant la fortune
de l'Oratoire elle sert aussi les intérêts des Angevins,
de leur ville, de leur province et même ceux de l'Université, Marie de Médicis a conçu son plan. Elle veut
gratifier les Oratoriens de l'hôtel de Lancreau pour leur
habitation, de l'église de l'Aumônerie pour leur ser-

vice religieux, du Collège d'Anjou pour leur œuvre de jeunesse ; mais tous ces lieux sont occupés et pour en éloigner les habitants il faut heurter des intérête, choquer des amours-propres.

L'hôtel de Lancreau, tout le premier, c'est le palais de la reine, le siège de son gouvernement. Approprié, restauré à grands frais pour cet objet notre municipalité, par tradition monarchique et par délicate attention, en a fait hommage à sa souveraine.

Ce vieil hôtel des Lérat était spacieux, confortable avec des dépendances, de grands jardins retirés, silencieux ; mais il n'avait rien d'aristocratique. C'était un grand hôtel bourgeois de forme et de quartier. On y pénétrait par une cour commune au travers de l'Aumônerie Saint-Michel. Cette cour décorée du titre fastueux de cour du roi est présentement la petite rue Flore, alors close et fermée.

Cette modeste habitation, en harmonie avec les goûts simples du Béarnais, ne convenait plus à sa veuve élevée dans les palais de Florence. Au contraire, par son style et son élégance, le logis Barrault lui rappelait l'Italie. Si ses jardins étaient étroits ils étaient limitrophes des profonds ombrages de Toussaint et de Saint-Aubin qui leur laissaient l'illusion de l'infini.

Autant l'hôtel de Lancreau était plébien dans son quartier, autant le logis Barrault était aristocratique dans son voisinage. La Cité, Saint-Aubin, Toussaint, Saint-Martin le circonvenaient. Notre municipalité, pour toutes ces raisons, peu flattée sans doute du caprice de sa souveraine, se rendit pourtant à ses désirs et lui donna le logis Barrault.

Quel que fût pour Marie de Médicis l'attrait de cette habitation, elle voulait sortir de l'hôtel de Lancreau pour le livrer aux Oratoriens.

Dès le 15 novembre en effet, ses préférences à peine indiquées, elle rassemblait le corps de ville pour lui proposer l'accueil à Angers, d'une colonie de l'Oratoire. La demande accordée, elle s'empressait de solliciter du gouvernement de son fils, des lettres patentes qui furent délivrées le 22 février 1620 [1].

On négociait pendant ce temps l'achat même du logis de Lancreau. Le nom de Lesrat avait disparu à Angers et pourtant leur hôtel n'était point sorti de la possession des héritiers directs de la famille par les femmes. Françoise Lesrat, qui l'avait eu de son père Guy Lesrat, avait épousé Charles Harrouis, président du présidial de Nantes. De ce mariage était née Françoise Harrouis veuve alors de Bernard de la Jumélière. Ce fut cette dame qui reçut les ouvertures des pères de l'Oratoire [2]. Ces ouvertures promettant un résultat, ceux-ci, à la date du 14 avril, saisirent le corps de ville « pour le supplier avoir agréable l'achat qu'ils ont fait de la maison de Lancreau ou la roine était logée [3]. »

Toutes formalités remplies, le père Mathurin Dugué au 30 octobre même année, put au nom de l'Oratoire signer l'acte d'acquisition de l'hôtel de Lancreau et de ses dépendances [4].

Cette première acquisition se devait completter par

---

[1] Péan de la Tuillerie, p. 361, 362, 363.
[2] Péan de la Tuillerie, p. 365.
[3] Journal de Louvet, *Revue d'Anjou*, 1855, t. II, p. 8.
[4] Péan de la Tuillerie, p. 365.

celle de l'Aumônerie Saint-Michel qui occupait dans la cour du roi, l'espace compris entre la rue Saint-Michel et l'hôtel de Lancreau.

Propriété de l'hospice Saint-Jean depuis 1602, l'aumônerie restait sans emploi depuis cette époque, c'était une condition favorable pour en négocier la cession, qui s'opéra, en effet, d'une façon régulière, le 23 décembre 1620.

Le traité stipule que moyennant cinquante cinq livres de rente annuelle et un sermon par semaine aux pauvres de l'hôpital, les pères de l'Oratoire demeurent appropriés des églises, salles, chambres, appentis, jardins et dépendances constituant l'Aumônerie Saint-Michel [1].

A cette date déjà nous trouvons les religieux de l'Oratoire dotés de l'église, paroisse et fief de Saint-Alman, portion de la commune actuelle de Saint Jean des Mauvrets [2].

Si l'hôtel de Lancreau, fraichement restauré, était dans le meilleur état d'habitation, l'Aumônerie était en revanche dans le délabrement le plus complet. L'église, enfouie dans le sol, se trouvait dans un état désespérant d'humidité. Construite au bas du clos de vigne de Saint-Maurille, elle en avait reçu tous les égoûts et détritus que les eaux pluviales avaient pu charrier. Il en résultait autour des murs une surélévation du sol qui lui donnait l'aspect d'une cave. Sa construction ne permettant pas d'ailleurs d'élévation de carrelage il ne restait de remède possible à l'assainissement que la

---

[1] Archives municipales, B 65, fol. 130.
[2] *Dict. historique.*

reprise du niveau primitif en enlevant les terres rapportées depuis. Ce fut en effet ce qui se produisit.

Louvet nous informe que « le jeudi 1er avril 1622, les pères de l'Oratoire ont fait abattre le grand autel et deux autres autels qui estoient en la chapelle de l'Aumônerie Saint-Michel ; fait faire des housteaulx pour y donner du jour, fait refaire les vitraux tout à neuf, réhaussé la ditte chapelle des terres qu'ils ont fait tirer autour d'icelle pour la rendre sèche ; fait reblanchir, revestir tout à neuf, et comme aussi ils ont fait bastir tout à neuf une sacristie au costé et derrière le dict grand autel de la ditte chapelle, qui estoit nommée l'hôpital Saint-Michel, qui a esté fondée et faict bastir par deffunt révérend père en Dieu Jehan du Bois, évêque de Dol en Bretaigne, pour y loger treize pauvres qui fust en l'an 1332, et a esté enterré dans la ditte chapelle près du dict grand autel. »

Les travaux de restauration se prolongèrent près de deux ans. Ce ne fut qu'aux premiers jours de février 1623 que les pères de l'Oratoire purent prendre possession de leur église. Elle se fit avec solennité.

« Le dimanche 12 février 1623, les pères de l'Oratoire ont esté establis en la chapelle et l'église de l'aumônerie et hôpital de Saint-Michel près le palais royal de ceste ville d'Angers, par M. Miron, évesque d'Angers, lequel a officié et dict la grande messe à diacre et sous diacre laquelle a esté chantée et répondue en musique par MM. de la psallette de l'Église d'Angers, où ils ont esté mis sur la porte de l'entrée de la ditte chapelle et l'évangile estant dict, M. Gaspéan, évesque de Nantes, a dict le sermon qui a duré près de deux heures, lequel a traicté dignement de l'ordre de la prêtrise ; où ont assisté MM. de la justice et grand nombre de peuple qui ont été grandement édifiés du dict sieur évesque de Nantes et à l'après dînée du dict jour, les dicts pères de l'Oratoire , au nombre de huit prestres, ont chanté vespres en le ditte église où y avait grand nombre de peuple, laquelle église les dits pères ont fait hausser d'une grande hauteur, reblanchir et reparer. »

Cette inauguration d'église complétait l'installation des Oratoriens à Angers. Ils allaient pouvoir prier en commun, vaquer librement à leurs dévotions, grouper en outre des fidèles autour d'eux, établir un courant d'assistance par l'attrait de leurs cérémonies et le charme de leur prédication.

On arrivait au Carême. L'occasion fut saisie avec empressement et le père de Bérulle vint lui-même en prêcher la station. Ouverte le 5 mars, elle se termina le Vendredi-Saint 14 avril. Ce dernier jour, l'évêque Miron tint à rehausser par sa présence l'éclat de cette clôture. « Le dit évêqne, nous dit Louvet, a ouï le sermon de la Passion prêché par un père du dict Oratoire, nommé le père Bérulle. »

Ils introduisirent l'année suivante 1624 la dévotion des quarante heures, enrichie par le pape , sur leur sollicitation, de nombreuses indulgences.

L'évêque d'Angers n'était pas le seul prélat convié à leurs cérémonies.

Le 26 décembre 1623, l'évêque de Chartres y vint prêcher.

Le 22 décembre 1625, l'évêque de Nantes, qui avait déjà paru au jour de l'inauguration ; s'y présenta de nouveau pour y faire une ordination.

Si les dévotions populaires tombaient dans le domaine de l'Oratoire, personne n'ignorait que l'éducation de la jeunesse ne fût son œuvre spéciale, son unique ambition.

L'occasion d'ailleurs ne pouvait être plus favorable. Nos collèges affaiblis et déserts réclamaient une autre direction.

Nous étions aux jours de la transformation de notre langue ; aux jours de Malherbe, de Balzac, de Descartes, des conférences littéraires de nos futurs académiciens.

Engourdie dans sa vieillesse, l'Université d'Angers semblait ignorer ce merveilleux développement. Aussi la jeunesse ne pouvant rencontrer dans ses méthodes les séductions du temps, abandonnait son enseignement et s'en allait au loin.

La ville d'Angers possédait alors plusieurs collèges. Le plus important était le collège d'Anjou, appartenant à la nation d'Anjou, aujourd'hui la mairie, limitrophe du jardin de l'Oratoire. Si, par ses subventions, la municipalité y exerçait un droit de patronage, il n'en était pas moins dépendant de l'Université qui le faisait gérer par un personnel de son choix approprié lui-même, par concession spéciale, de la direction et des revenus.

Ce collège était le seul qui pût convenir à l'Oratoire, mais pour le lui concéder il importait de le rendre libre en désintéressant de bon accord les anciens concessionnaires. Telles étaient les difficultés de situation que Marie de Médicis avec toute l'autorité de son caractère déduit éloquemment dans sa lettre au corps de ville en date du 10 février 1624 ainsi conçue :

« De par la reine mère du roy, gouvernante du pays et duchez d'Anjou.

« Chers et bien aimez, étant informée du désir de beaucoup des habitants de la ville et de la province affectionnés au bien public ont de voir fleurir l'Université d'Angers par le rétablissement de l'exercice des bonnes lettres dans les collèges, lesquels depuis longtemps, par négligence ou autrement, sont demeurés inutiles et infructueux aux habitants qui sont contraints de rechercher au loin et à grands frais l'instruction de leurs enfants ; nous avons estimé qu'on ne peut mieux satisfaire aux vœux des parents, et réparer plus avantageusement des défauts si nuisibles qu'en commettant la conduite, instruction et direction de l'un de vos collèges aux pères de l'Oratoire, lesquels estant déjà établis au contentement de tous les ordres de la ville adjouteront volontiers aux bons exemples qu'ils donnent par leurs actions à un chacun le soin et la peine qu'ils prendront d'instruire la jeunesse, se soumettant aux lois de l'Université.

« Mais afin de ne se détourner pour les exercice spirituels auxquels leur profession les oblige, Nous jugeons à propos que vous leur donniez le collège le plus proche de leur maison, en dédommageant ceux qui y sont maintenant ; à quoi nous nous assurons que vous préterez d'autant plus facilement vos consentements que c'est le bien du pays, pour l'honneur de la ville et pour la commodité des habitants qui vous seront toujours en particulière recommandation. Prions Dieu qu'il vous tienne en sa sainte et digne garde.

« Escript à Paris le 10e jour de février 1624.

« Signé : MARIE. »

Le pouvoir royal, qui n'avait encore rien perdu de son prestige, pesait assurément de toute son influence dans l'avis donné. On ne pouvait pourtant contester la force des arguments de la souveraine moins encore suspecter son dévouement quand à Juilly et dans leurs autres collèges, les Oratoriens révélaient déjà les plus merveilleuses aptitudes pédagogiques.

On ne pouvait en outre d'après ces considérations, s'étonner de l'empressement du maire Gabriel Jouet à réunir son conseil, pour lui communiquer la lettre de la reine, lui demander son avis et provoquer la délibération qui en découlait.

La réunion s'opéra le 24 février et prit les conclusions suivantes :

« Le vendredi 24e jour de février 1624. Au conseil tenu en l'hôtel et maison commune de la ville et mairie d'Angers, ou estoient présents MM. le maire Gabriel Jouet ;

« Les échevins Prévost, Hamelin et Hubert, les conseillers Ayrault, Baudrie, Ménage, Bonvoisin, Cupif, Nepveu ;

« Dumesnil, avocat du roy ;

« Froger, procureur de ville.

« Sur la représentation faite par M. le maire d'une

lettre de la reine mère du roy, gouvernante de cette province, escripte à cette compagnie en date du dixième de ce présent mois, par laquelle la dite majesté désire que l'on donne aux pères de l'Oratoire de cette ville le collège le plus proche de leur maison pour y instruire la jeunesse, en dédommageant ceux qui y sont maintenant et se soumettant aux lois de l'Université.

« Lecture faite d'icelle et les opinions prises a esté conclu qu'il sera de la part de cette compagnie à sa ditte Majesté très humbles remerciements de l'affection qu'elle a au bien commun des habitants de cette ville et du soin qu'il lui plaît prendre de l'entretien de l'exercice des lettres et de l'instruction de la jeunesse et collège de l'Université de cette ville, avec assurance des volontés et intentions des habitants de cette Compagnie à l'exécution de ses commandements. Ce que M. le Maire et MM. les eschevins sont priés de faire à M. le commandant de la Porte, gouverneur de cette ville et château, et que l'entretien du dict exercice dépendant de la direction de MM. les recteur, directeurs, régents et suppôts de la dite Université, il est besoin de le représenter à la volonté de sa ditte Majesté, et voir les dicts pères de l'Oratoire et savoir leur intention sur la susditte proposition. Ce que les dits maires et eschevins ont été priés de faire et que la ditte lettre soit insérée en suite de la présente pour y avoir recours. »

Le Corps de ville se rendait aux désirs de sa souveraine, la remerciait même de sa sollicitude pour ses intérêts, mais la renvoyait aux recteur, docteurs régents et suppôts de l'Université pour le réglement des intérêts qui en découlaient. Ces intérêts d'ailleurs étaient complexes puis qu'il y avait à résilier un contrat en cours, concédé à des tiers, les principal et régents du collège d'Anjou. Ce principal qui était messire Claude Maudet, avait à sa charge un personnel de maîtres et un mobilier scolaire. Le congé des maîtres, l'enlèvement des meubles comportaient un dommage qui fut évalué 2,400 livres à la charge de la ville.

Ces intérêts réglés, la Nation d'Anjou, en date du 21 avril, prit des conclusions définitives qui permirent d'en terminer et de rédiger le contrat suivant dressé par Deille, notaire royal au Pilori, en date du 18 mai 1624.

Contrat faict par MM. de l'Université d'Angers avec MM. les prestres de l'Oratoire du nom de Jésus, pour instruire et enseigner la jeunesse d'Anjou dans le Collège d'Anjou, nommé le Collège neuf.

« Le 18ᵉ jour de mai 1624, il a esté faict en la ville d'Angers ung contrat et traicté entre MM. les depputez de la Nation d'Anjou en l'Université au dict Angers, savoir :

« MM. Estienne Heard, conseiller à la prévosté, procureur de la ditte Nation ;

    « François Boylesve, sieur de la Bourdinière, maistre-écolle en la ditte Université et chanoine en la ditte église d'Angers ;

    « François Davy, sieur d'Argentay, docteur doyen en droit en la ditte Université ;

    « François Blouin, Arnault Saman, avocats depputez, d'une part.

« Les pères de l'Oratoire, demeurant en ceste ditte ville, rue Saint-Michel ;

« Claude de Maudet, principal du collège d'Anjou, alias le Collège neuf, pour suivant l'intention du roy notre sire, la royne sa mère, MM. les gouverneurs, officiers de la justice, que de la ditte Université et Nation ;

« Establir les dicts pères de l'Oratoîre audict collège pour l'instruction de la jeunesse et bien du publicq et aussi pour dédommager le dict de Maudet cy-davant estably principal au dict Collège par contrat passé par Deille notaire, par lequel traité est accordé au dict Maudet, la somme de 2,400 livres pour tous dommages et intérêts qu'il pourrait prétendre, à cause de l'éviction du sus dict contrat, muniement et fournissement qu'il auroit faict pour l'exercice du dict collège et reparations, au moyen de laquelle somme le dict de Maudet, principal, se demettra et promet demettre au nom des dicts pères de l'Oratoire au droit qu'a le dit principal au dict collège en vertu de son dict contrat et de toute disposition d'ycelug pour en faire par les dicts pères de l'Oratoire tout et suivant et au désir de la fondation et statuts dudict collège, à condition que le dict principal pourra emporter ses meubles et provisions aussitôt qu'il aura reçu la ditte somme et exécuté le dit désistement et remise sans rechercher contre lui d'aulcunes reparations ni charges du passé, comme plus au long est contenu par le dict contract, passé par ledict Deille, notaire royal au dict Angers, demeurant au Pylory.

« Ce dict jour 18e jour de mai 1624. »

Cette concession du collège d'Anjou était le complément du projet de la reine, le couronnement de son œuvre qu'on admire dans sa conception et plus encore dans son exécution.

Ce fait accompli, rien de plus pressé pour les pères de l'Oratoire que de prendre possession de leur collège et d'en ouvrir les classes. Mais là encore régnait le désordre signalé depuis longues années par nos archives. Il fallut plusieurs mois pour opérer les plus urgentes réparations. Des affiches enfin sur les murs publics annoncèrent l'ouverture solennelle du collège pour le 3 novembre 1624.

Toutes les sommités angevines s'y virent réunies, évêque, gouverneur, lieutenant général, maire, conseillers de ville et du présidial, juges consuls et avocats. Entouré de ses professeurs et de ses régents, le père Icard recevait ses invités et présidait la solennité.

Dans un discours fort applaudi il exposa l'esprit et le but de sa congrégation et ses plans d'étude pour en obtenir le succès.

Les promesses et les espérances ne tardèrent pas à se réaliser. Deux années ne s'étaient pas écoulées que le corps de ville adressait aux pères de l'Oratoire toute sa satisfaction et leur assurait en témoignage une rente annuelle de mille livres sur les revenues de la Cloison.

Le collège d'Angers apportait ainsi à l'Oratoire sa part de collaboration et de succès que Rome voulut récompenser. Le pape Urbain VIII, triomphant de la modestie du Père de Bérulle, le gratifia d'un chapeau de cardinal.

Ce fut un éclair de jouissance. Les jours heureux furent courts comme toujours; Bérulle mourut dans toute sa gloire, après deux ans de pourpre romaine, âgé seulement de 53 ans. Le 29 octobre 1629, ses fils d'Angers célébraient son service funèbre dans leur église toute tendue de deuil. La ville entière s'associait à leur douleur. L'official de l'église d'Angers célébrait la messe, un père Carme prononçait l'éloge funèbre.

ANGERS, IMPRIMERIE LACHÈSE ET DOLBEAU